# CAHIER DES CHARGES GÉNÉRALES

## DU 24 FÉVRIER 1908

pour la fourniture, au service de l'artillerie, de combustibles pour fours métallurgiques.

**PARIS**

## Henri CHARLES-LAVAUZELLE

Éditeur militaire

10, Rue Danton, Boulevard Saint-Germain, 118

MÊME MAISON A LIMOGES

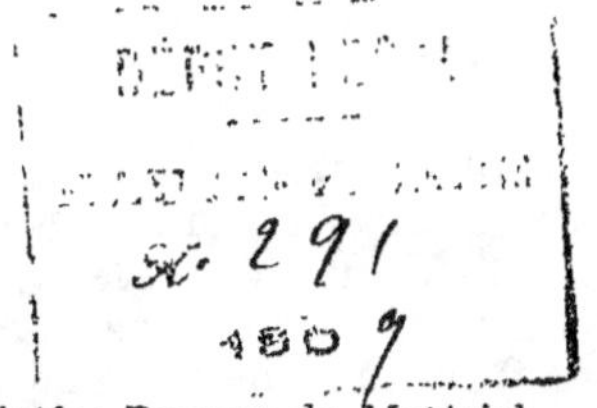



*Cahier des charges générales pour la fourniture, au service de l'artillerie, de combustibles pour fours métallurgiques.*

Paris, le 24 février 1908.

## ARTICLE 1er.

### Nature de l'adjudication. — Dépôt des soumissions.
### Conditions d'admission des soumissionnaires.

Les adjudications de combustibles pour fours métallurgiques sont des adjudications sur concours d'échantillon et de prix.

Par dérogation aux indications de l'article 33 de l'instruction du 15 juin 1903 pour la passation des marchés du Département de la guerre autres que ceux relatifs aux travaux de constructions militaires, les soumissions peuvent être remises ou adressées au membre technique de la commission d'adjudication postérieurement à la date indiquée comme délai extrême du dépôt des échantillons et même en séance d'adjudication.

Sont seuls admis à soumissionner les propriétaires ou exploitants de mines françaises, les fabricants de coke dont les usines sont en France ainsi que les marchands en gros dûment patentés.

## Article 2.

### Qualité du charbon.

Le charbon de four devra être de fraîche extraction, exempt de schistes et de pierres. Son emploi ne devra pas être préjudiciable à la conservation des grilles.

Il devra être de la qualité dite demi-grasse ou grasse à longue flamme; il devra s'allumer facilement et brûler avec une flamme vive et claire, sans se désagréger avant la fin de la combustion, ni s'agglomérer par masses; il ne devra produire qu'une fumée grise et légère, exempte autant que possible d'odeur sulfureuse.

La composition, c'est-à-dire la proportion de gailletterie (ou grelassons) et de menu, est déterminée dans chaque cas par le cahier des charges spéciales. La gailletterie est le charbon ne passant pas à travers un crible formé d'un seul rang de barreaux ronds de 10$^{mm}$ de diamètre, espacés entre eux de 20$^{mm}$ avec inclinaison à 45 degrés; le menu est le charbon passant à

travers le même crible. Lorsque le charbon sera à texture la-
melleuse l'essai de gailletterie au lieu d'être fait à l'aide de
ce crible, le sera à l'aide d'une table à secousse à trous ronds
de 40$^{mm}$ de diamètre ; on sonsidérera comme formant la gailletterie (ou grelassons) le charbon ne passant pas à travers cette
table.

## Article 3.

### Qualité des cokes.

Le coke de gaz sera du coke tout venant. Il devra être sonore
et ne pas tacher les doigts ; la cassure ne présentera pas de
points sulfureux.

Le coke dur devra provenir de houilles cuites dans des fours
à coke.

Le coke dur devra être sonore, à cassure mate, d'un gris
d'acier, sans aucun point sulfureux ; il ne tachera pas les doigts
et pèsera au moins 400 kilogr. par mètre cube à 3 p. 100 d'humidité.

Il devra se comporter convenablement dans les conditions où
il est employé dans l'établissement.

Il sera livré en grosses grelasses et gailletterie, la proportion
de menu passant à travers la grille à barreaux espacés de 20$^{mm}$
et inclinés à 45 degrés n'excédant pas 5 p. 100.

## Article 4.

### Teneur en eau.

Le charbon et le coke ne doivent pas contenir plus de 3 p. 100
d'eau ; au delà de cette quantité, le poids d'eau est défalqué du
poids à payer.

Le dosage de l'humidité est fait comme il suit : on opère
sur un échantillon de 50 grammes environ qui est chauffé jusqu'à poids constant dans une étuve maintenue à 100 degrés. La
perte de poids donne la quantité d'eau renfermée dans la prise
d'essai.

## Article 5.

### Teneur en cendres.

La teneur en cendre des charbons ou cokes présentés à
l'adjudication est mesurée sur des échantillons de 5 grammes
environ qui sont incinérés au four à moufle dans des capsules
de platine ou de porcelaine : elle est calculée sur le charbon

supposé sec. On fait trois opérations et l'on prend la moyenne des trois résultats obtenus.

La teneur en cendres ne doit pas être de plus de 15 p. 100 pour le charbon et de plus de 10 p. 100 pour le coke.

## Article 6.

### Teneur en soufre.

Le charbon ne doit pas contenir une quantité de soufre nuisible, provenant tant de sulfures métalliques que de combinaisons avec des matières organiques, supérieure à 1,80 p. 100 ; elle est calculée sur le charbon supposé sec.

Elle est mesurée sur deux échantillons de 1 gr. 500 à l'aide de l'obus calorimétrique Mahler.

## Article 7.

### Teneur en matières volatiles.

La teneur en produits volatils du charbon est mesurée sur des échantillons de 1 gramme qui sont calcinés dans des creusets de platine ; elle est calculée sur le charbon supposé sec.

On fait trois opérations et l'on prend la moyenne des trois résultats obtenus:

Sauf stipulations contraires insérées au cahier des charges spéciales, la teneur en matières volatiles doit être de 15 à 36 p. 100 (eau déduite) et le coke obtenu ne doit pas être pulvérulent.

### MODE D'ADJUDICATION.

## Article 8.

### Prix offerts.

La soumission donne le prix offert par tonne de chaque sorte ou lot de combustibles mis en adjudication, le combustible offert ayant été défini comme il est dit aux articles suivants.

## Article 9.

### Définition du charbon et du coke.

Dans un délai fixé par les affiches et les avis au public, tout concurrent doit avoir fourni au directeur de l'établissement une note dûment signée et certifiée par lui, faisant connaître, pour les charbons ou les cokes pour lesquels il veut soumissionner et par lots mis en adjudication :

1° La provenance, en donnant le nom de la mine, des puits et fosses, et, éventuellement, pour les cokes, l'usine de fabrication ;

Et, à titre de renseignement :

2° La teneur en cendres ;

3° La teneur en matières volatiles du charbon supposé sec, c'est-à-dire déduction faite de l'humidité. Cette teneur est déterminée sur des échantillons de 1 gramme à 1 gr. 2 ; on fait normalement trois opérations dont on prend la moyenne ;

4° La composition, c'est-à-dire la proportion de menu et de gailletterie (ou de grelassons).

## Article 10.

### Envoi et payement des échantillons.

Le soumissionnaire doit également avoir fait parvenir dans les délais indiqués par l'article 11, et pour chacune des espèces de combustibles qu'il se propose de fournir, un échantillon dont l'importance est fixée par les cahiers des charges spéciales à chaque fourniture.

Le règlement des échantillons à payer est fait au prix de l'adjudication diminué de 25 p. 100. Toutefois, les échantillons qui n'ont pas été admis au concours ne sont pas payés.

## Article 11.

### Essais pratiques.

L'adjudication est faite à la suite d'un concours préparatoire ayant pour but de constater par des essais la qualité du combustible soumissionné.

1° La date de l'ouverture du concours préparatoire est fixée par l'avis au public.

2° Les concurrents doivent se faire inscrire à l'établissement avant l'ouverture de ce concours et y donner, en justifiant de leur qualité, la définition de leur échantillon comme il a été dit à l'article 9.

Il leur est délivré un numéro d'ordre avec indication du jour où doivent être arrivés à l'établissement le ou les échantillons prévus par l'article 10.

Tous les charbons ou cokes destinés aux essais doivent être

expédiés directement de la mine ou de l'établissement producteur.

3° Le combustible admis à l'essai est reçu en présence du propriétaire ou de son représentant, si le fournisseur le désire. Toutes les manipulations nécessaires aux essais sont faites par les soins de l'établissement.

4° Le combustible est soumis à des épreuves de laboratoire, de façon à en déterminer la teneur en eau et la teneur en cendres et, pour le charbon, la teneur en matières volatiles et en soufre.

On détermine ensuite sa composition pour avoir la spécification complète de l'échantillon.

5° Les combustibles qui présenteront dans leur combustion quelque inconvénient grave, qui ne peuvent brûler sur les grilles d'une manière satisfaisante ou ne satisfont pas aux conditions stipulées aux articles 2 à 7, sont rejetés du concours. Les motifs du rejet sont consignés dans un procès-verbal dressé par les officiers de l'établissement.

6° L'essai a lieu dans un des fours de l'établissement, destinés à l'emploi du combustible examiné, en présence de la commission de réception ou de son délégué. Le soumissionnaire devra être prévenu du jour de l'essai de son combustible; il pourra y assister ou s'y faire représenter, mais sans s'immiscer aucunement dans les opérations qui restent entièrement sous la direction de la commission.

Toutes les circonstances de l'essai et les résultats qu'il aura donnés seront constatés par un procès-verbal dressé à cet effet par les soins de la commission.

Les fours étant en marche normale, leur chargement se continuéra au moyen de l'échantillon à essayer, qui devra pouvoir assurer la marche régulière des fours sans ralentissement.

Le nombre d'heures pendant lesquelles l'échantillon aura permis la marche des fours sera compté à partir du commencement du chargement avec cet échantillon, jusqu'au moment où l'on devra commencer à charger avec d'autre combustible.

Les résidus et le mâchefer enlevés pendant l'essai de chaque échantillon seront pesés à la fin de l'essai.

Le classement sera fait ainsi qu'il suit :

F étant le prix fixé pour l'enlèvement et l'évacuation de la tonne de résidus ;

$m$ le prix par tonne de la main-d'œuvre de déchargement des wagons (s'il y a lieu) ;

$n$ le nombre de tonnes de l'échantillon consommé ;

N le nombre d'heures pendant lesquelles $n$ tonnes de combustible auront permis la marche des fours ;

$p$ le prix demandé par tonne par le soumissionnaire (ce prix n'est connu qu'au moment de l'ouverture des soumissions) ;

R le poids des résidus exprimé en tonnes ;

le prix D, dépense à l'heure, base du classement, sera calculé au moyen de la formule :

$$D = \frac{n(p+m) + F, R.}{N}$$

## Article 12.

### Surveillance en cours de marché. — Expertise.

Les charbons ou cokes livrés et rendus dans l'établissement doivent être rigoureusement conformes aux échantillons présentés pour le concours. A cet effet, la portion des échantillons restant après ce concours servira de type pour être comparée, s'il est nécessaire, avec les fournitures.

L'établissement, pendant toute la durée du marché, procède sur les livraisons aux prises d'essai et épreuves nécessaires pour reconnaître l'identité.

On admet qu'il y a identité si la proportion de gailletterie diffère de moins de 6 unités p. 100, les propositions de cendres et de matières volatiles de moins de 3 unités p. 100 de celles de l'échantillon. S'il n'est pas indiqué de minimum pour la proportion de gailletterie, la tolérance est de 20 unités p. 100.

L'établissement pourra d'ailleurs faire procéder à toutes prises d'essais et vérifications par un délégué accrédité, soit à la mine, soit à l'usine de fabrication, pour s'assurer de la provenance et reconnaître l'identité.

Les épreuves de laboratoire pour reconnaître l'identité des charbons et établir éventuellement les réfactions, dont traite l'article suivant, ont lieu dans le laboratoire de l'établissement.

Si le soumissionnaire ou son représentant n'est pas présent à la prise d'essai, il est tenu à sa disposition un prélèvement semblable de 500 grammes dans un récipient cacheté.

Deux autres prélèvements sont tenus en réserve, comme témoins en cas de contestation.

En cas de désaccord entre le fournisseur et l'établissement sur la teneur en cendres, la teneur en matières volatiles ou la teneur en soufre, il est procédé, sur la demande du fournisseur, à une analyse exécutée par le laboratoire de la section technique de l'artillerie.

Le règlement de la fourniture est alors fait d'après les résultats fournis par cette analyse.

Pour toute expédition atteignant ou dépassant 240 tonnes, il sera procédé, sur la demande des fournisseurs, à une réception provisoire soit à la mine, soit à l'usine de fabrication dans les conditions qui viennent d'être dites. Cette réception sera définitive au point de vue de l'admission en recette, sauf dans le cas où il serait constaté que la fourniture reçue à l'établissement destinataire n'est pas conforme à celle présentée au départ.

D'autre part, ce sont les essais faits à l'arrivée dans la cour de l'établissement qui, seuls, serviront au calcul des réfactions.

Le fournisseur sera tenu de mettre à la disposition de l'officier, ingénieur ou agent réceptionnaire, tous appareils et ustensiles nécessaires aux essais de réception provisoire. Les expéditions seront faites, aussitôt après, en présence du représentant de l'administration de la guerre. Les épreuves de laboratoire pour reconnaître l'identité des charbons à l'arrivée et établir éventuellement les réfactions dont traite l'article suivant, ont lieu dans le laboratoire de l'établissement, comme il est dit ci-dessus.

## Article 13.

### Tolérances et réfactions.

La provenance indiquée ne peut être changée qu'en cas de force majeure, avec l'assentiment de l'établissement et à la condition que le combustible fourni en remplacement soit, à tous autres égards, semblable à celui stipulé.

On ne paye pas l'humidité contenue dans les charbons et le coke au delà de trois pour cent.

Si la proportion de gailletterie est inférieure à celle indiquée comme minimum au cahier des charges spéciales ou si celui-ci n'indiquant pas de minimum, cette proportion est inférieure de 20 unités p. 100 à celle de l'échantillon présenté, il est fait dans le prix payé une réduction proportionnelle en partant du prix d'adjudication et en admettant que la valeur de la gailletterie (ou de gros morceaux) est une fois et demie celle du menu.

Les essais servant à la fixation du prix à payer sont faits, en principe, sur chaque livraison ; ils comportent un essai de gailletterie qui est fait sur 500 kilogr. de combustible au minimum et un essai de laboratoire exécuté dans les conditions de la note n° 2 ci-annexée. Si la livraison dépasse 100 tonnes, il est fait autant d'essais de gailletterie et d'essais de laboratoire que la livraison renferme de fois 100 tonnes.

Le prix à payer est calculé mensuellement d'après la moyenne des résultats des essais ainsi faits.

Toutefois, pour les fournitures peu importantes, les cahiers des charges spéciales pourront spécifier des dérogations à ce mode de fixation du prix à payer ; au besoin cette fixation ne sera faite que trimestriellement.

Soit P le prix de la tonne stipulé pour une composition de N p. 100 en gailletterie; le prix de la tonne de menu sera

$$P \times \frac{100}{100 + 0,5\,N}$$

et le prix de la tonne de gailletterie (une fois et demie celui du menu, par hypothèse) sera

$$1,5 \; P \times \frac{100}{100 + 0,5 \; N}$$

Pour un charbon de composition $N' < N$, le prix à allouer n'est plus que :

$$P' = \frac{N'}{100} \times \left(1,5\,P \times \frac{100}{100 + 0,5\,N}\right) + \frac{100 - N'}{100} \times \left(P \times \frac{100}{100 + 0,5\,N}\right)$$

$$\text{ou } P' = P \times \frac{100 + 0,5\,N'}{100 + 0,5\,N}.$$

Pour la tenue en cendres, la réfaction sera faite dans les conditions suivantes :

On exécutera un essai pratique tel qu'il est défini à l'article 10 ; si D' représente la dépense à l'heure résultant de l'essai fait sur une livraison de P tonnes, dépense calculée au moyen de la formule donnée à l'article précité, et si cette dépense est supérieure de plus de 1/20 de la dépense trouvée pour l'échantillon d'adjudication, la livraison subira une réduction et ne sera acceptée que pour un poids égal à

$$P \times \frac{D}{D'}$$

## Article 14.

### Refus.

Sont définitivement rejetées, sans attendre le résultat des moyennes mensuelles, les livraisons qui dépassent les tolérances limites indiquées aux articles précédents, comme aussi les livraisons ne satisfaisant pas aux conditions de provenance ou n'ayant plus d'identité avec le type présenté et admis.

Les résultats des essais des livraisons ainsi rejetées n'entrent pas en ligne de compte dans le calcul des moyennes servant de base à la fixation du prix à payer dans les conditions prévues à l'article précédent.

---

## NOTE N° I.

### PRÉLÈVEMENT DES ÉCHANTILLONS.

Pour la prise d'échantillons d'une fourniture de combustible, trois cas peuvent se présenter :

1° Le combustible est en cours de livraison ;

2° Il est déjà en tas dans la cour de l'établissement ;

3° Il est en cours d'emploi.

*a) Le charbon est en cours de livraison.* — Dans ce cas, il est facile de prélever sur chaque voiture ou chaque wagon, au moment du débarquement, une pelletée composée d'une proportion de morceaux de tout venant et de poussier, analogue à celle qui doit être fournie.

L'ensemble de ces pelletées mises à part dans une caisse représentera ainsi assez exactement, si l'opérateur a été consciencieux, la moyenne de la fourniture.

*b) Le charbon est déjà en tas dans la cour de l'établissement.* — Alors le prélèvement de l'échantillon n'est pas susceptible d'être fait avec toute la rigueur désirable, à moins de manutentionner et de déplacer tout le tas, ce qui est à peu près impraticable.

On peut faire dans le tas des tranchées complètes en long et en travers, de telle façon que le tas se trouve divisé en 4, 6, 8 parties égales. En faisant la tranchée, on prélèverait sur toute la hauteur une tranche de largeur uniforme, en rejetant sur les côtés le surplus, au fur et à mesure de l'approfondissement de la tranchée. On peut aussi prélever des pelletées à des distances égales les unes des autres, sur toutes les faces accessibles. Mais il est évident que le combustible qui forme l'intérieur du tas échappe ainsi à tout prélèvement.

*c) Le charbon est en cours d'emploi.* — Dans ce cas, on peut, à des intervalles de temps égaux, tous les huit jours par exemple, prélever sur le flanc d'abatage un échantillon moyen, et avoir ainsi, de huit en huit jours, la composition moyenne du tas.

On peut aussi, à l'arrivée aux générateurs de tous les dix ou vingt wagonnets ou brouettées, prélever une pelletée moyenne.

Evidemment, c'est le prélèvement au cours de la livraison qui présente le plus de chance d'exactitude et le plus d'intérêt.

---

## NOTE N° 2.

---

*Préparation de l'échantillon moyen.* — Sur le tas de menu et de gailletterie formés à la suite de l'exécution de l'essai de gailletterie, prélever 100 kilogr. dans les proportions de l'échantillon.

Les établissements pourvus d'un broyeur à boulets, à meule, etc., ou d'un appareil analogue, feront passer les

100 kilogr. au broyeur, de manière à les transformer en une poudre homogène.

Les établissements qui ne possèdent pas de broyeur procèdent de la façon suivante :

Concasser le tout en morceaux de un centimètre au maximum, étaler uniformément l'ensemble sur une aire en planches rabotées et jointives ou sur une aire en ciment, en une couche de 10 centimètres d'épaisseur et en forme de carré.

Dans ce carré, isoler successivement deux bandes de 10 centimètres de largeur suivant les deux diagonales, au moyen de deux règles minces insérées verticalement dans la couche, et prélever les deux bandes ainsi isolées.

Avec le combustible provenant de ces deux bandes, former un nouveau carré de 50 centimètres de côté et prélever dans ce carré, comme ci-dessus, deux bandes diagonales de 10 centimètres de largeur.

Pulvériser finement le charbon ainsi préparé.

Quel que soit le moyen employé pour obtenir la poudre, on en remplit quatre flacons de verre à large goulot contenant chacun environ 500 grammes bouchés à l'émeri ; numéroter et cacheter ces quatre récipients.

Le premier flacon servira à l'exécution des essais de laboratoire.

Le deuxième sera tenu à la disposition du soumissionnaire.

Les deux autres seront conservés par l'établissement pour servir en cas de contestation.

## MANIÈRE D'EXÉCUTER LES ESSAIS.

1° *Détermination de la teneur en eau.* — On opère sur 25 à 30 grammes d'échantillon, qui sont desséchés jusqu'à poids constant dans une étuve chauffée à 100 degrés (de préférence une étuve à eau bouillante) (1). La dessiccation est continuée jusqu'à ce que deux pesées consécutives donnent le même poids; la perte de poids de la prise d'essai ramenée à 100 donne la teneur en eau.

2° *Dosage des cendres.* — Dans des capsules plates à incinération, en platine ou en porcelaine, tarées, on pèse des prises d'essai de 5 grammes environ. On porte les capsules au four à moufle, en les plaçant d'abord à l'entrée, de manière à élever progressivement la température, puis on incinère.

On retire les capsules, on laisse refroidir et on vérifie s'il ne reste pas de points noirs dus à du charbon non incinéré. En

---

(1) Il convient de ne pas dépasser la température de 100° afin d'éviter que les carbures commencent à distiller.

pesant alors les capsules, on obtient par différence le poids des cendres.

On opère sur trois capsules pour chaque échantillon ; la moyenne des résultats est prise pour la teneur en cendres.

*3° Détermination de la teneur en charbon fixe et en gaze combustibles.* — Dans un creuset de platine muni d'un couvercle fermant bien et préalablement taré, on introduit environ 1 gr. de l'échantillon et on pèse exactement le tout ; on le porte alors au rouge vif et on maintient cette température jusqu'à ce que les gaz produits, qui viennent brûler entre le creuset et son couvercle, aient complètement cessé de se dégager. On laisse refroidir ; la perte du poids du creuset donne la somme des gaz combustibles et de l'eau ; le poids du résidu du coke qui reste au fond du creuset est celui du charbon fixe, augmenté des cendres.

On recommence trois fois cet essai et on prend la moyenne des résultats trouvés.

*4° Détermination de la proportion de soufre nuisible.* — Deux échantillons de 1 gr. 500 de combustible soumis à l'essai sont agglomérés sous forme de pastille, desséchés à la température de l'eau bouillante par un courant d'hydrogène pur et sec, pesés, puis brûlés dans l'obus Malher rempli d'oxygène sous pression de 25 atmosphères. On rince l'obus avec un peu d'eau dans laquelle on fait également digérer les cendres de combustion. Cette eau contient l'acide sulfurique résultant de la combustion de tout le soufre nuisible (soufre des sulfures métalliques et soufre combiné avec la matière organique) et celui combiné au calcium dans le sulfate de calcium que peut contenir la houille.

Cet acide sulfurique est précipité à l'aide de chlorure de baryum et pesé sous forme de sulfate de baryum.

L'acide sulfurique du sulfate de calcium est dosé par digestion dans l'eau de 10 grammes de combustible pulvérisé et séché, filtration, précipitation au chlorure de baryum et pesée du sulfate de baryum obtenu.

Par différence, on obtient le soufre nuisible.

*5° Expression des résultats.* — Pour rendre les résultats directement comparables, on exprime séparément, d'une part, la proportion d'eau, et, d'autre part, la composition du charbon sec ; l'identité ou la non-identité des résultats résulte alors immédiatement de la comparaison des nombres obtenus, quel que soit le degré de siccité ou d'humidité que les combustibles aient pu acquérir par suite de circonstances diverses.

On peut d'ailleurs, pour les opérations 2°, 3° et 4° décrites ci-dessus, soit opérer sur l'échantillon desséché obtenu en 1°, soit sur l'échantillon tel quel, en déduisant des prises d'essai, par le calcul, la proportion d'eau obtenue en 1°.

## MODÈLE DE PROCÈS-VERBAL D'ESSAI.

Humidité. . . . . . . . . . . . . . . . . . . . . .    4,2 p. 100
    Combustible sec :
Carbone fixe. . . . . . . . . . . . . . . . . . . .    61,4 p. 100
Matières volatiles. . . . . . . . . . . . . . .    31,2 p. 100
Cendres. . . . . . . . . . . . . . . . . . . . . . .    7,4 p. 100
                                 100
Soufre nuisible. . . . . . . . . . . . . . . .    0,40

*Le Sous-Secrétaire d'État*
*au ministère de la guerre,*
Henry CHÉRON.

Paris et Limoges. — Imprimerie militaire Henri CHARLES-LAVAUZELLE.

# Librairie militaire Henri CHARLES-LAVAUZELLE

*Paris et Limoges.*

## REFONTE DU BULLETIN OFFICIEL DU MINISTÈRE DE LA GUERRE

**Administration et comptabilité intérieures des corps de troupe. Dispositions générales.** — Volume arrêté à la date du 20 mars 1906.
Texte. 1 volume, cartonné.......................................... » 75
Modèles. 1 volume, cartonné ...................................... 2 50

**Masse des écoles** (à jour au 30 mai 1903). 36 pages, cartonné........ » 50

**Décret du 22 janvier 1907** portant règlement sur le service de l'habillement dans les corps de troupe (Masse d'habillement). 300 pages, cartonné.............................................. 1 25

**Administration et comptabilité des corps de troupe. Service de l'habillement (Masse). Barème de la richesse théorique.** (Volume arrêté à la date du 6 juillet 1904.) 180 pages..................... 2 50

**Service de l'habillement dans les corps de troupe.** Dispositions diverses (à jour au 1er mai 1905), 158 pages, cartonné................... 1 25

Administration et comptabilité des corps de troupe. — **Tarif des confections, retouches et réparations des effets du service de l'habillement.** (Volume arrêté à la date du 1er juin 1907.) 146 pages, cartonné................................................... 1 20

Administration et comptabilité des corps de troupe. — **Décret du 8 février 1907** portant règlement sur le service du chauffage et de l'éclairage dans les corps de troupe. — Vol. in-8º de 462 pages. 1 50

**Service du harnachement dans les corps de troupe** (à jour au 1er décembre 1899). 226 pages, broché, 2 fr.; relié toile................... 3 »

**Service du harnachement (masse) dans les corps de troupe de l'artillerie et du train des équipages militaires.** — Volume arrêté à la date du 15 juin 1907. — 114 pages, cartonné........................... 1 »

**Service du harnachement (masse) dans les corps de troupe du génie.** (Volume arrêté à la date du 5 août 1903.) Cartonné................. 1 »

Administration et comptabilité intérieures des corps de troupe. — **Ordinaires.** — Volume arrêté à la date du 15 juin 1909. — 254 pages, cartonné.............................................. 2 »

**Comptabilité en campagne et service de l'habillement et du harnachement en temps de guerre,** corps de troupe de toutes armes (à jour jusqu'en février 1908). 168 pages, cartonné...................... » 85

**Couchage et ameublement.** — Volume arrêté à la date du 1er avril 1907. — In-8º de 292 pages ................................... 1 »

**Archives de la guerre** (édition à jour jusqu'au 1er août 1900). 96 pages, avec modèles, broché, 1 fr.; relié toile......................... 1 50

**Poudres et explosifs** (à jour au 15 février 1909). 68 pages, cartonné.. » 60

**Service des forges.** — Volume arrêté à la date du 14 juin 1908. — 68 pages, cartonné.............................................. » 75

**Tarif des réparations aux armes portatives.** — Volume arrêté à la date du 1er septembre 1907, — 184 pages, cartonné.................. 1 50

**Instruction du 4 avril 1903** sur le service et l'entretien du harnachement dans les établissements de l'artillerie, avec tableaux et suivi de 4 annexes, 46 pages, cartonné............................. » 50

**Artillerie.** — Ecritures concernant les mouvements intérieurs dans les places comptables et la tenue des magasins. — Volume arrêté à la date du 20 janvier 1905. 52 pages, cartonné..................... » 50